Gilvando Sá Leitão Rios

O QUE É COOPERATIVISMO

editora brasiliense

Copyright © by Gilvando Sá Leitão Rios, 1987
Nenhuma parte desta publicação pode ser gravada,
armazenada em sistemas eletrônicos, fotocopiada,
reproduzida por meios mecânicos ou outros quaisquer
sem autorização prévia da editora.

Primeira edição, 1987
2ª edição, 2007
1ª reimpressão, 2008

Coordenação editorial: *Alice Kobayashi*
Coordenação de produção: *Roseli Said*
Diagramação: *Digitexto Serviços Gráficos*
Capa: *Renata Junqueira*
Revisão: *Tiago Sliachticas*

Dados Internacionais de Catalogação na Publicação (CIP)
(Câmara Brasileira do Livro, SP, Brasil)

Rios, Gilvando Sá Leitão
O que é cooperativismo / Gilvando Sá Leitão Rios.
  São Paulo : Brasiliense, 2007. (Coleção primeiros
passos ; 189)

2. ed. de 2007
ISBN 978-85-11-00111-2
1. Cooperativismo 2. Sociedades cooperativas
3. Sociedades cooperativas - Brasil I. Título II. Série.

07-8420   CDD-334

Índices para catálogo sistemático:
1. Cooperativismo : Economia 334

editora e livraria brasiliense
Rua Mourato Coelho, 111 - Pinheiros
CEP 05417-010 – São Paulo – SP
www.editorabrasiliense.com.br

Sumário

Introdução 9

Conceituação e características básicas
da organização cooperativa 17

Surgimento do cooperativismo 23

Tipos de cooperativas 29

Cooperativsmo e ideologia conservadora 51

Cooperaitivsmo e ideologia renovadora 63

Indicações para leitura 73

A Maria Isaura Pereira de Queiroz, amiga e Mestra.

Aos *haverim* (companheiros) do Kibutz Ga'ash,
construtores de um cooperativismo socialista.

coleção primeiros passos 189

"O possível é o que jamais foi feito e, no entanto, poderia ser feito – é *possibilidade* e não *probabilidade*. É o que não possui a menor garantia prévia de que acontecerá – é aporia à procura de caminho, sem saber de antemão se há caminho e, se houver, se será possível encontrá-lo e, se encontrado, se poderá ser percorrido e, se percorrido, onde nos levará. Essa falta absoluta de garantia é a utopia. Sua marca é o possível e não o impossível."

Chauí, Repressão sexual –
essa nossa desconhecida

Introdução

"Cooperativismo" é uma dessas palavras mágicas – à semelhança do termo "democracia" – que "servem para tudo", como uma chave-mestra que abre todas as portas. Palavra mágica, porque palavra-panacéia, remédio para todos os males, solução para múltiplos problemas. Cooperativas aparecem inevitavelmente em qualquer referência de reforma agrária, tanto em recomendações oriundas da Pastoral da Terra (da Igreja Católica) como nos documentos da Aliança para o Progresso, lançada pelo então presidente Kennedy para neutralizar a repercussão da Revolução Cubana na América Latina, no início da década de 1960. Curioso é que, enquanto a Aliança para o Progresso as incentivava e recomendava e o cooperativismo passava a ser visto como uma "terceira via" de reformismo nem sempre ingênuo, sob as bombas norte-americanas, cooperativas agrícolas construíram o tecido socialista no Vietnã.

Em situações econômicas e culturais tão diferentes como na Nicarágua sandinista e na América de Reagan se fala e se trabalha em cooperativas. Há cooperativas em Israel e nos países árabes, nos países que se intitulavam socialistas e nos países que nunca se intitularam socialistas, nos países dependentes da periferia como nos países centrais metropolitanos, em países de cultura ocidental como nos países de outras configurações culturais (China, Índia, Senegal etc.).

Será que se poderia falar de uma internacionalização do "movimento cooperativista", pelo fato de existir inclusive uma (ACI) Aliança Cooperativa Internacional sediada em Londres e fundada em 1895? Na realidade, esse internacionalismo existe apenas em termos da difusão de uma fórmula organizacional. É óbvio que as contradições entre "tempos históricos" tão diversos, como o da agricultura francesa e o da senegalesa, entre regimes econômico-políticos tão distintos, como o cubano e o inglês, ou o estágio organizacional e tecnológico dos pescadores artesanais nordestinos e o dos pescadores bretões, tornam cada experiência nacional bem específica e condicionada.

Mas não é só no plano internacional que o cooperativismo aparece sob tantas faces e rótulos. Olhando para a realidade brasileira, é paradoxal (ao menos à primeira vista) constatar que a fórmula cooperativista é adotada nas mais diversas situações de classe. Assim, cooperativas servem de intermediárias entre as atividades de plantadores de cana e usineiros do açúcar, ao mesmo tempo que o Ministério do Trabalho (no governo Figueiredo) sugeria que os "bóias-frias" se organizassem em "cooperativas de trabalhadores". Os armadores de Santos e os pescadores artesanais paraibanos de Cabeledo conhecem a fórmula cooperativa. Os grandes plantadores de cacau no sul da Bahia têm sua cooperativa, enquanto minifundistas se organizam cooperativamente no Piauí. Filiados à conservadora União Democrática Ruralista (UDR) por vezes são sócios de estruturadas cooperativas; por outro lado, participantes do renovador Movimento dos Sem-Terra (MST) gerem recentes cooperativas. O cooperativismo aparece, pois, no Brasil, sob uma dupla e contraditória face. Por um lado, é o instrumento rotineiro e eficaz na organização econômica de agricultura da exportação (café, açúcar, cacau, soja etc.), da agricultura capitalizada voltada para o abastecimento interno (hortifrutigranjeiros) ou da agricultura latifundiária do algodão nordestino. Por outro, o cooperativismo é sistematicamente apresentado como "a solução" para a comercialização agrícola dos produtos de pequenos agricultores, de pescadores e de artesãos.

Dessa maneira, tanto no agronegócio como na agricultura familiar, o cooperativismo é considerado um instrumento adequado. No primeiro caso, em termos organizacionais; no segundo, em termos de promoção socioeconômica mediante políticas de desenvolvimento. Um exemplo expressivo da produção agrícola moderna está no fato de as cooperativas disporem de mais de 30% da capacidade total de estocagem no Brasil, ou seja, 8,6 milhões de toneladas de um total de 38,5 milhões. As exportações do setor cooperativo aumentaram 44,8% entre 1974 e 1977. Em 1973 as cooperativas brasileiras receberam e comercializaram 45% do total da soja produzida no país, 84% do trigo e 62 % da lã. Já em 1995 havia mais de 3.900 cooperativas em atividade no Brasil, reunindo aproximadamente 4 milhões de pessoas. O cooperativismo brasileiro respondia por um volume de transações econômicas equivalente a 5% do Produto Interno Bruto (PIB) e gerava cerca de 150 mil empregos diretos. Só o cooperativismo agropecuário contribuía para as exportações com uma média de 630 milhões de dólares/ano entre 1992 e 1994. Em 2002 a Organização das Cooperativas Brasileiras (OCB) registrava um total de 7.549 cooperativas e mais de 5 milhões de cooperados. Em 2005 a OCB registra 7.518 cooperativas, um decréscimo apenas aparente, considerando-se o acréscimo para mais de 6,5 milhões de associados. Uma vez que nem todas as cooperativas se filiam a esta organização, caso das cooperativas estimuladas pelo MST, por exemplo, já temos aí uma subestimação do total de cooperativas. Com efeito, já a partir do anos 1980 surge um novo tipo de cooperativismo, que chamo de "cooperativismo solidário", por apresentar de maneira explícita uma perspectiva ideológica e uma opção política em contraposição ao "cooperativismo de negócios", asséptico, nas aparências, quanto a interesses de classes. Ocorre nesse contexto (é só um paralelo, mas uma comparação esclarecedora) o que se passa na discussão acadêmica sobre a "neutralidade" ou não da ciência. Os defensores do "cooperativismo empresarial" puro e duro se comportam como se também o cooperativismo pudesse ser "neutro", isto é, infenso à dinâmica dos interesses de classe em uma sociedade tão desigual como a nossa. Em termos, porém, de seu conteúdo o que diferenciaria o cooperativismo solidário do cooperativismo de negócios? Visualizo pelo menos dois aspectos: o primeiro, de cunho eminentemente sociológico, no que diz respeito à configuração dos associados e, o segundo, de cunho eminentemente ideológico, no que diz respeito aos mediadores.

No que diz respeito ao primeiro aspecto e desenhando um perfil sociológico diferenciado em termos de associados e de classe, dois tipos de cooperativa se destacarão a partir dos anos 1980 no cenário econômico nacional: as cooperativas de trabalho no meio urbano e as cooperativas de agricultura familiar no meio rural.

No que se refere ao segundo aspecto, o ideológico, é nítida a clivagem entre os mediadores do cooperativismo solidário e os do cooperativismo de negócios. Em virtude disso teríamos, de um lado, técnicos, acadêmicos, religiosos, políticos, militantes de um cooperativismo solidário e, de outro, técnicos, acadêmicos, empresários e políticos, formuladores de um cooperativismo de negócios. Os que se situam na primeira perspectiva seriam ou profissionais militantes ou simplesmente militantes, ao passo que os da segunda perspectiva militariam profissionalmente em suas respectivas áreas. Em face a diferenciação das classes sociais, como situar então a niveladora proposta cooperativista, mais uma vez chave-mestra de várias portas?

Na realidade, longe de superá-la, a diferenciação classista se reproduz no cooperativismo, contradizendo a ideologia niveladora. A cada classe sua cooperativa. Existe, pois, um cooperativismo dos ricos e um cooperativismo dos pobres. Isso significa que, em vez de as diferenças entre as classes diminuírem, se acentuam. Isso ocorre pela concentração da riqueza, do prestígio social e do poder político aumentada pelas cooperativas das classes dominantes.

Qual o papel, então, da ideologia (ou ideologias?) do cooperativismo? Ideologia de controle social ou ideologia de contestação e de mudança? Qual o grau de autonomia das cooperativas na teia dos condicionamentos de classe? Sem dúvida elas são condicionadas pelos interesses dominantes, mas também, por outro lado, poderão favorecer os interesses das classes subalternas? Isto é, se servem aos interesses dos ricos, podem servir também para tentar superar a pobreza? O exame do cooperativismo como ideologia conservadora pede o exame do cooperativismo como ideologia renovadora, levando-se em conta, pois, a diferenciação classista. Há portanto uma dupla diferenciação que faz um par: uma na realidade econômica, outra ideológica e política.

Se no plano internacional e no plano sociológico o cooperativismo é plural, ele o é também em termos operacionais. Há cooperativas de trabalho, de crédito e de eletrificação rural; de pesca e de consumo doméstico; de produção industrial e de comercialização agrícola; habitacionais e de artesanato; de serviços e de revenda de material agropecuário; de transporte e de turismo etc. Em suma, tanto na produção quanto na distribuição, em todos os setores há organizações cooperativas.

Mas será que essa multiplicidade de tipos de cooperativas indicaria uma "cooperativização" da economia? Constituiriam as cooperativas um "setor" específico na economia, dotado de autonomia e dinamismo próprios?

De fato as coisas precisam ser qualificadas, isto é, não se deve confundir a comum identidade jurídica das cooperativas com suas mais diversas inserções econômicas e sociológicas. O exame do surgimento do cooperativismo deverá situar concretamente o papel conservador ou renovador das cooperativas e do cooperativismo ao longo da história.

Duas faces da mesma moeda: o cooperativismo dos ricos e o cooperativismo dos pobres

Conceituação e características básicas da organização cooperativa

O cooperativismo como fruto do movimento operário resultou na criação de um modelo de associação com as seguintes características: propriedade cooperativa, gestão cooperativa e repartição cooperativa. A primeira característica significa que estamos diante de uma associação de pessoas e não de capital. Isto é, a propriedade é atribuída aos associados, independentemente das contribuições financeiras individuais à constituição da sociedade. A segunda característica, gestão cooperativa, significa que o poder de decisão último é competência da assembleia dos associados. Finalmente, a terceira característica, a repartição cooperativa, indica que a distribuição das sobras financeiras no final de um ano de trabalho deve ser feita de maneira diversa da que ocorre em uma empresa capitalista. Isto é, na primeira a referida distribuição se faz segundo a participação dos associados nas operações dela. É por isso que na empresa de capital se fala em lucros e dividendos e, na sociedade cooperativa, em sobras líquidas. Isto é, sobras, depois de descontadas as despesas administrativas. Não se trata de lucro extraído do trabalho de assalariados, caso da empresa capitalista. Trata-se de lucro originário do trabalho direto dos próprios associados. É o caso típico das cooperativas operárias de produção industrial. Em uma cooperativa de consumo (ou outra de serviço) o lucro origina-se da participação dos associados, ou seja, dos usuários. Isso ocorre porque, sendo a cooperativa uma organização que visa exclusivamente a fornecer serviços a seus associados a preço de custo, as diferenças entre o custo efetivo desses serviços e os ganhos obtidos pela cooperativa na comercialização agrícola, por exemplo, "retornam" (daí o nome de "retorno") para cada associado. Obviamente esse "retorno" é proporcional ao volume de negócios (entrega da produção no caso) de cada associado. A cooperativa não lucra em cima do associado, ela é apenas um instrumento para os associados, estes sim, lucrarem.

As características específicas da empresa cooperativa (propriedade, gestão e repartição cooperativas) determinam que ela possa ser concebida como parte integral ou extensão das empresas individuais de seus associados. A cooperativa é, pois, um meio pelo qual certas funções podem ser levadas a cabo mais efetiva e economicamente, quando realizadas pelas empresas

O que é Cooperativismo 19

associadas e não individualmente. Nesse tipo de empresa *sui generis* os associados não são apenas os coproprietários, mas também os usuários ou fregueses. Disso resulta que a única finalidade de uma cooperativa consiste em prestar serviço a seus próprios associados-proprietários-usuários, e suas atividades constituem parte das atividades totais da empresa individual de cada associado.

Qualquer benefício econômico direto que resulte de negócios da cooperativa, em forma de um "superávit" comercial, é dividido entre os associados, não na proporção de seus títulos de capital social, mas na proporção do uso dos serviços comuns.

Assim, em uma cooperativa de consumo, quanto maior for o volume de compras de determinado associado, maior será sua participação na distribuição do excedente pela cooperativa. Um associado que não tenha feito nenhuma compra no período de um ano, também nada receberá, naturalmente.

Há, portanto, uma conexão direta entre as necessidades dos sócios, por um lado, e as operações da cooperativa, por outro; e entre a participação dos associados nas atividades da cooperativa, por um lado, e o funcionamento da cooperativa, por outro.

A forma cooperativa da organização mantém, não só a unidade entre propriedade e controle, mas também, e especialmente, a unidade entre o uso e o controle da empresa. O associado da cooperativa não é somente um cosuário da empresa; é um coparticipante na tomada de decisões e um fiscal na aplicação destas.

O fato de uma cooperativa não poder manter existência independentemente das atividades de seus associados, conjugado ao princípio de que uma cooperativa é formada para prestar serviços a seus associados e não para auferir lucros, confere uma marca distinta ao "capital social" da cooperativa. No sistema cooperativo, constitui princípio fundamental que o "excedente disponível" seja devolvido aos cooperados na proporção de sua participação nas operações comerciais. O excedente é, pois, restituível aos associados na proporção do uso dos serviços da cooperativa.

As cooperativas são um tipo de empreendimento em que o motivo de "serviço" substitui o de "lucro" e em que o grupo "proprietário-usuário" substitui o "intermediário".

Pode-se definir uma cooperativa como uma associação voluntária com fins econômicos, podendo nela ingressar os que exercem uma mesma atividade. Ela é regulamentada democraticamente à base de "um homem, um voto", e cada membro contribui para a constituição do capital social, mas os benefícios não se distribuem segundo o capital subscrito, mas na proporção do volume de negócios realizado entre a cooperativa e cada associado. Isso ocorre porque, como uma cooperativa é formada para prestar serviços a seus associados e não para obter lucros, as "cotas" de uma cooperativa

O que é Cooperativismo

são contribuições dos associados para o estabelecimento e a manutenção desses serviços mútuos, "a preço de custo". Assim, representam um pré-requisito para receberem tais serviços, e não um título para pagamento de lucros sobre as contribuições mencionadas. Disso decorre o princípio de que o "excedente disponível" (lucro) seja devolvido aos cooperados na proporção de sua participação nas operações comerciais. Afinal, a cooperativa trabalha para seus associados, não para si própria como empresa.

Verdade é que essas características por vezes existem apenas nas legislações e nos estatutos. Isto é, existem apenas "no papel", são letra morta, não se traduzem na realidade. Mas isso é outra história e o tipo de coisa que ocorre em qualquer outro campo de atividade humana: igrejas, sindicatos, partidos políticos etc.

A defasagem entre princípios e prática, a história de que "na prática a teoria é outra", é um problema bem real, mas que deve ser colocado em suas justas dimensões, isto é, em termos de uma análise sociológica dos modelos cooperativos existentes. Por enquanto quero frisar apenas as características definidoras do "que é" cooperativa, as variações ou distorções existentes em relação ao modelo se situam em um outro nível de análise.

Surgimento do cooperativismo

Cooperativismo como movimento operário

O surgimento do cooperativismo liga-se ao desenvolvimento do capitalismo industrial na Europa do século XVIII, como expressão de um movimento operário, reagindo às condições de extrema exploração então existentes. Nesse contexto, crianças de menos de nove anos trabalhavam das seis da manhã às seis da noite e os adultos tinham uma jornada de catorze horas de trabalho. Nessa época não existia nenhum sistema previdenciário, nenhuma segurança no emprego, até se associar profissionalmente era proibido; proibição essa feita em nome da "liberdade do trabalho". Este é justamente um dos significados históricos do termo "liberalismo"... Tanto na Inglaterra como na França as associações operárias eram expressamente proibidas por lei e previam-se severas penas para os infratores. Nesse ambiente de exploração econômica e de repressão policial-militar, as primeiras associações operárias são associações secretas, clandestinas.

Na Inglaterra, o direito de associação é reconhecido em 1826, mas o direito de greve só o será em 1875; na França, isso ocorre em 1884. No Brasil, as associações operárias surgiram inicialmente como sociedades de ajuda mútua, como a associação dos "galileus" de Pernambuco, embrião das futuras Ligas Camponesas, apresentada no filme *Cabra marcado para morrer* de Eduardo Coutinho.

Como se sabe, os moradores do antigo engenho de açucar Galiléia desencadearam o que viriam a ser posteriormente as reivindicativas Ligas Camponesas, a partir da despretensiosa criação de uma sociedade de ajuda mútua para enterrar seus mortos. A pobreza era tanta que, quando morria um morador, o caixão era "emprestado" pela Prefeitura do município onde se localizava o engenho, Vitória de Santo Antão. O caixão obviamente só era utilizado para carregar o defunto, sendo devolvido à Prefeitura depois de esvaziado de sua "carga". Foi para fugir a esse "vexame" do caixão de indigentes que os moradores fundaram uma associação que foi logo mal vista pelo proprietário das terras (residente na capital), que tentou expulsá-los. Em virtude disso, os "galileus" procuraram um advogado e deputado estadual (Francisco Julião), originando-se aí um processo político de luta pela desapropriação do engenho Galiléia.

Os estatutos de uma dessas associações (dos confeccionadores de luvas de Grenoble, França), diziam: "o nosso objetivo exclusivo é auxiliar aqueles nossos

O que é Cooperativismo

colegas que venham a cair doentes ou encontrar-se na indigência". Essas associações de ajuda mútua constituem o embrião, simultaneamente, da previdência social, do sindicalismo e do cooperativismo.

O cooperativismo europeu surge, pois, como uma reação proletária ao liberalismo do capitalismo competitivo, como parte de uma estratégia de sobrevivência, constituindo também um projeto político. Não se pretende superar apenas os males do capitalismo: pretende-se eliminar o próprio regime econômico que os provoca. Por causa desse projeto alternativo, distinguem-se no cooperativismo inglês duas perspectivas de integração setorial: classifico a primeira perspectiva de ascendente; a outra, de descendente. Chamo de ascendentes as experiências que, partindo de uma comunidade agrícola e passando pelo beneficiamento da produção, pretendiam atingir o setor de serviços, a educação inclusive. Nesta categoria, identifico o pensamento do socialista utópico Robert Owen, o qual, além de ter lutado pela multiplicação de cooperativas operárias de produção e de consumo, militou também a favor de um movimento sindical único.

Com a perspectiva descendente o roteiro é inverso: partir do consumo para se chegar ao setor agrícola. Nessa corrente, ressalto a figura do dr. William King, que, entre 1827 e 1830, chegou a fundar cerca de trezentas cooperativas de consumo. Nessa mesma perspectiva foi organizada por 28 tecelões de Rochdale, em 1844, uma cooperativa de consumo, que veio a ser considerada a fonte do cooperativismo. Os princípios de organização definidos por esse grupo foram "fossilizados" posteriormente em uma rígida "doutrina", desvinculada de seu contexto original.

A evolução do cooperativismo na Inglaterra não superou o capitalismo, mas inegavelmente mudou sua face. Dispondo de bancos, fábricas, plantações, jornais, cooperativas de associações de ajuda mútua, com cerca de 12 mil membros. Da perspectiva associacionista surgiram posteriormente as cooperativas operárias de produção. Estas trouxeram vantagens consideráveis para certas categorias profissionais em particular, e para a classe operária de modo geral.

Ainda hoje, as cooperativas de produção industrial têm um peso importante no setor cooperativo francês, as lutas operárias se confundindo, por vezes, com essas experiências. Assim, quando uma indústria vai à falência, em mais de um caso, os operários assumiram seu controle "gestionário".

COOPERATIVISMO COMO INICIATIVA DAS ELITES

Na Europa o cooperativismo surge como uma reação proletária aos problemas socioeconômicos criados pelo capitalismo. No Brasil o cooperativismo nasce como uma promoção das elites (econômicas e políticas) em uma economia predominantemente agroexportadora. Não se trata, pois, de um movimento vindo de baixo, mas imposto de cima. Não é o caso, portanto, de um movimento social de conquista, mas de uma política de controle social e de intervenção estatal. Não ocorreu a criação de uma fórmula associativa, mas apenas sua importação e adequação aos interesses das elites políticas e agrárias. Por outro lado, as ideias socialistas justificam a prática cooperativista de origem operária. No Brasil são ideias corporativas (fascistas) que inspiram, por vezes, a prática e a legislação. Assim como o sindicalismo brasileiro está marcado em suas origens e organização pelo Estado Novo getulista (da década de 1930), isso ocorreu na mesma época com o cooperativismo.

Finalmente, como movimento social operário, o cooperativismo europeu é um movimento de expressão predominantemente urbano (cooperativas de consumo na Inglaterra e de produção industrial na França). No Brasil, o cooperativismo, como movimento de elites, conservador, se localizará sobretudo no meio rural. O aparente caráter reformista do movimento esgota-se nas pretensões de modernização agrícola. Não toca, entretanto, no problema da propriedade e da renda da terra, dos trabalhadores rurais e dos pequenos produtores, questões que entrariam em conflito com os interesses das classes dominantes agrárias. É por isso que o cooperativismo agrícola brasileiro é, sobretudo, um cooperativismo de serviços, não propriamente um cooperativismo de produção. A cooperativa presta serviços aos associados em razão de seus estabelecimentos individuais, de maneira isolada. Trata-se de um modelo bem adequado à concentração da propriedade fundiária.

Um traço característico do cooperativismo na América Latina é que seu desenvolvimento tem caráter cíclico. A história do cooperativismo latino-americano confunde-se, então, com suas crises econômicas e políticas, reflexos de uma economia e de uma diplomacia dependentes. Assim, de maneira geral, as principais campanhas de fomento ao cooperativismo se dão entre 1927 e 1936 (crise econômica mundial), na época problemática do pós-guerra e de seus ajustes econômicos (decênio de 1940), ou ainda para fazer frente à chamada "ameaça do comunismo" e ao impacto da Revolução Cubana (década de 1960). Na Colômbia há um grande estímulo ao cooperativismo entre 1948 e 1957. Ora, justamente nesse período, esse país conhece uma fase de aguda e anárquica violência rural. Trata-se, portanto, de um modelo não apenas importado pelas elites, mas também de um instrumento de controle social e político. Ao menos em termos da legislação e da prática dominantes no Brasil.

O cooperativismo é uma associação de pessoas e não de capital.

Tipos de Cooperativas

A associação-empresa cooperativa é um empreendimento que compreende tantas variedades quantas são as necessidades possíveis de serem atendidas em uma economia moderna (tanto capitalista quanto socialista). Essa multiplicidade de tipos de cooperativas (de consumo, de trabalho, de produção agrícola ou industrial, de pesca, de crédito etc.) tem a unificá los o denominador comum das três características básicas, já definidas antes, desse gênero de associação: propriedade, gestão e repartição cooperativas.

Os diferentes tipos de cooperativas constituem a aplicação prática, nos diversos setores da economia, do modelo de empresa cooperativa. A listagem que segue não é exaustiva nem excludente, mas apenas seleciona os tipos mais correntes, como cooperativas de produção industrial, de produção agrícola, de serviços (crédito, comercialização etc.) no setor agropecuário, de consumo, em meio urbano, de pesca, de artesanato etc. É por isso mesmo que, coerentemente com essa diversidade, a legislação brasileira estabelece que as cooperativas se classifiquem de acordo com "o objeto ou pela natureza das atividades desenvolvidas por elas ou por seus associados" (art. 1º da Lei nº 5.764, de 16/12/1971).

COOPERATIVAS DE PRODUÇÃO INDUSTRIAL E DE TRABALHO

As cooperativas de produção industrial são constituídas por trabalhadores que reúnem, segundo modalidades diversas, o capital necessário ao funcionamento de uma empresa que eles gerem democraticamente.

Esse tipo de cooperativa surgiu da vontade dos trabalhadores escaparem à exploração patronal. Com essa finalidade, grupos de trabalhadores criaram suas próprias empresas ou assumiram a falência das indústrias em que trabalhavam como simples assalariados, transformando-se em "produtores associados" em vez de desempregados. Tornaram-se, portanto, seus próprios patrões, assumindo coletivamente a função de empresários.

A abolição do patronato, isto é, a autoridade suprema, emanando da propriedade do capital, não dispensa, entretanto, a função de coordenação. Esta é apenas democratizada. O conselho de administração é escolhido pela Assembleia Geral dos associados, onde há igualdade do direito de voto para cada membro, independentemente da quantidade de cotas-partes subscritas por cada um. A distribuição, no fim do exercício financeiro, das sobras se dá de acordo com as horas de trabalho de cada um, bem como da escala salarial existente.

Esse tipo de cooperativa, pelo gênero de associados envolvidos (membros da classe operária) e por sua proposta radical de transformação no nível de empresa, foi objeto da atenção do militante Marx que, ao redigir as *Resoluções do Primeiro Congresso da Associação Internacional dos Trabalhadores*, reunido em Genebra em setembro de 1866, escreveu: "Nós recomendamos aos operários encorajarem o cooperativismo de produção em vez do cooperativismo de consumo, este atingindo a superfície do sistema econômico atual, aquele atacando-o na sua base", Em outra ocasião, Marx, em *O Capital*, indica seu interesse por esse gênero de associação: "as cooperativas de produção trazem a prova de que o capitalista tornou-se tão supérfluo como agente da produção quanto o é o grande proprietário aos olhos do capitalista evoluído", É verdade, porém, que Marx encara o cooperativismo em uma perspectiva de mudança global da sociedade: "Para que as massas trabalhadoras sejam libertadas, o cooperativismo deveria tomar uma amplitude nacional e, por conseguinte, seria necessário favorecê-lo com meios nacionais. Mas aqueles que reinam sobre a terra e sobre o capital usarão sempre de seus privilégios políticos para defender e perpetuar seus monopólios econômicos". Dado o caráter de militância operária desse tipo de cooperativa, sua história e seu surgimento se confundem com os movimentos sociais vinculados às lutas da classe operária contra a classe patronal. Não foi à toa que esse tipo de cooperativa surgiu, pois, em um país como a França, cuja história social é marcada de maneira explícita pelo confronto entre as classes. Mas o movimento se expandiu também pela Itália, e conheceu expressão peculiar no Estado de Israel, cuja formação não está desvinculada da ideologia socialista de certas correntes migratórias.

O cooperativismo de produção demonstra que o patronato, isto é, a presença à frente das empresas de um representante do capital, é dispensável; que os trabalhadores são bem capazes, quando dispõem de liberdade e de responsabilidade, de organizar seu trabalho, de aceitar a disciplina necessária, de compreender os problemas, mesmo financeiros, de uma empresa. Ele demonstra como a abolição do assalariado é não apenas possível, mas também fecunda, do ponto de vista da eficiência e da realização humana.

As cooperativas de trabalho são entidades que congregam profissionais de uma mesma área, setor ou especialização (como médicos, engenheiros, técnicos etc.) segundo as normas e os princípios de organização cooperativa, com a finalidade de oferecer serviços em tal ou tal especialidade. A grande vantagem da cooperativa é que o trabalhador se apresenta coletivamente

O que é Cooperativismo

(não como sindicato, mas como empresa prestadora de serviços) diante do mercado de trabalho. A cooperativa de trabalho não age como uma empresa de terceirização, pois esta apenas intermedeia a oferta de mão-de-obra, buscando lucro via exploração da mão--de-obra contratada. Trata-se de um tipo de cooperativa com grande potencial de desenvolvimento e afirmação, tanto econômica como política, no atual cenário de desemprego provocado pelas políticas econômicas neoliberais. Em 1995 já existiam em todo o Brasil 986 cooperativas de trabalho, das quais 156 criadas em 1994. Um exemplo desse tipo de experiência nos é dado pela Cooperativa Nordeste dos Petrotécnicos (Coonpetro), formada por demitidos e aposentados oriundos das empresas do Pólo Petroquímico de Camaçari e da Petrobras. Com cerca de 380 cooperantes, e então com menos de dois anos de fundação, a cooperativa já prestava serviços nas áreas química, petroquímica, petrolífera e em terminais marítimos. A ideia de formar a cooperativa partiu de um grupo de amigos desempregados, que buscavam uma opção de trabalho para o grande número de profissionais capacitados em disponibilidade no mercado. Experiência semelhante, ainda na Bahia, é a da Cooperativa dos Inspetores de Equipamentos (Cooinsp) que há duas décadas presta serviços periódicos de inspeção nas indústrias. As cooperativas de trabalho surgem, pois, no contexto pós-fordista de flexibilização do trabalho e da abertura do mercado nacional em função dos interesses da globalização dos países centrais. Nesse contexto, ocorre a desproletarização do trabalho fabril, industrial, como consequência da chamada Terceira Revolução Industrial (novas tecnologias nas áreas de informática, microeletrônica e telecomunicações).

A indústria de transformação que na Região Metropolitana de São Paulo empregava 1.625,6 assalariados formais e 147,4 informais em 1981 passa a empregar 1.427,3 e 178,9, respectivamente, em 1993. Por outro lado, enquanto os assalariados formais, sempre na mesma região, ocupavam 53,04 % das posições ocupadas em março de 1989, em março de 1996 diminuíam para 43,07%; os assalariados informais que ocupavam 9,14% em março 1989 aumentavam sua participação para 11,37% em março de 1996. Ademais, para os mesmos períodos temos um acréscimo de 15,59% para 20,21% na categoria dos autônomos, que em parte é constituída por ex-assalariados formais precariamente estabelecidos.

Em contrapartida à precarização crescente das relações de trabalho observa-se que, se no mesmo estado de São Paulo havia apenas 31 cooperativas de trabalho em 1991, em 1998 já eram 178 e cerca de cem mil cooperados. Na década de 1990 o cooperativismo de trabalho foi a modalidade que mais cresceu, inclusive internacionalmente. No Brasil temos o total de 2.109 cooperativas de trabalho e de 356.089 cooperados.

As cooperativas de trabalho surgiram portanto na esteira da precarização do trabalho – tudo isso já é

O que é Cooperativismo 35

bem conhecido –, entretanto não cabe uma vinculação mecânica e economicista entre uma coisa e outra, esvaziando, pois, muitas dessas experiências de uma visão de economia política alternativa, pois há motivações tanto de ordem estritamente pragmática como de ordem política e ideológica a nortearem tanto a ação de mediadores quanto dos sujeitos sociais diretamente interessados nos empreendimentos solidários. Nesse caso estamos em presença de um cooperativismo militante e contestador, cujas experiências na época pós-fordista reatam sintomaticamente com a experiência já secular das cooperativas de produção industrial da Primeira Revolução Industrial. Tanto em um caso como em um outro não temos apenas respostas reativas à exploração e à exclusão, mas também reptos ao modelo econômico vigente e construção concreta de alternativas. Vale ressaltar, por fim que, assim como as cooperativas rurais tradicionais tinham "dono" que, em geral, era um chefe político local vinculado à intermediação da produção, muitas vezes cooperativas de trabalho são meros disfarces para o capital explorar mais ainda a mão-de-obra, eximindo-se dos compromissos trabalhistas. A distinção, pois, entre estrutura formal jurídico-administrativa e configuração sociológica é fundamental para "separar o joio do trigo", para saber distinguir aparentes cooperativas de cooperativas reais.

O cooperativismo da produção não pode ter a força, por seu próprio desenvolvimento, de transformar toda a economia capitalista. Entretanto, no contexto de uma economia democraticamente planejada, os trabalhadores poderiam assumir a responsabilidade da organização de seu próprio trabalho.

COOPERATIVAS DE PRODUÇÃO AGRÍCOLA

Em geral, esse tipo é confundido com as cooperativas de serviços do setor agropecuário (comercialização da produção, por exemplo), o que convém realmente distinguir, pois se trata de níveis qualitativamente distintos. Afinal, uma coisa é uma associação de agricultores individuais para o atendimento de um serviço isolado e, outra, a constituição de uma empresa de produção agrícola coletiva onde a terra, mesmo se cultivada em lotes individuais, tem o seu aproveitamento planejado comunitariamente. Os serviços prestados por uma cooperativa de produção agrícola são apenas uma decorrência necessária de um planejamento comunitário integral, mas o fundamento desse tipo de associação está, como o próprio nome indica, na produção em comum. Da mesma maneira que o que caracteriza uma cooperativa de produção industrial é sua produção em comum, o que caracteriza uma cooperativa de produção agrícola é sua produção em comum de produtos agrícolas. Sua comercialização cooperativa será apenas uma decorrência lógica e necessária de uma integração já existente na base.

O que é Cooperativismo

Essas ressalvas não são uma questão de pura terminologia, mas se impõem, uma vez que denominar uma cooperativa de prestação de serviços como de produção agrícola pode, de certa maneira, mascarar o problema crucial, e político, da relação com a terra como fator decisivo de integração comunitária.

O leque das experiências desse gênero de cooperativas é muito grande. A Hungria foi o único país socialista onde a coletivização das terras provocou aumento da produção, e isso graças ao sistema cooperativo. A agricultura tornou-se um elemento que contribui com cerca de um quarto das exportações do país. Os resultados positivos obtidos na agricultura são medidas não ortodoxas em relação aos critérios tradicionais de planejamento socialista centralizado. Assim, após seu ingresso nas cooperativas, os camponeses receberam compensações financeiras pelo aporte de suas instalações, de suas terras e de seus instrumentos de trabalho. O papel predominante do setor transparece no fato de que as cooperativas chegaram a ocupar 64% das terras contra 31 % pelas empresas estatais e 5% pelo setor privado. De modo geral, as cooperativas húngaras são unidades de produção muito dinâmicas, capazes de inovar rapidamente e diferenciar sua produção. Não apenas participam em larga escala do abastecimento do mercado interno, como contribuem também, em grande parte, para as exportações agrícolas.

O setor cooperativo de produção magiar proporcionou, pelo abandono de um modelo de planejamento tecnocrático, um desempenho agrícola até agora desconhecido na maioria das economias socialistas. Os outros países socialistas passaram a estudar de perto a experiência, em que se associou a autonomia à responsabilidade e o estímulo material à liberdade de escolha.

Uma experiência nacional que merece destaque especial, sobretudo no que se refere ao cooperativismo de produção agrícola, é a do Estado de Israel, cuja própria fundação (em 1948) foi precedida de uma série de projetos de colonização agrícola cooperativista, tendo em vista que 40 anos antes da fundação do Estado surgem os famosos *kibutzim* (cooperativas de produção agrícola comunitária).

O *kibutz* é uma cooperativa de produção agrícola de caráter comunitário, onde não só a produção econômica e sua comercialização são organizadas coletivamente, mas a própria vida social (lazer, refeições em comum, educação infanto-juvenil etc.) também é marcada por valores igualitários. A terra em Israel é propriedade estatal, sua exploração, entretanto, pode ser tanto individual como coletiva, esse usufruto coletivo (em forma cooperativa) apresentando várias combinações. No caso do *kibutz*, os campos de cultura são indivisos e o trabalho é organizado coletivamente, segundo as necessidades técnicas das lavouras e criações, bem como das aptidões e gostos dos membros do *kibutz* que se autointitulam companheiros (*haverim*). Não é à toa que os *kibutzim* já foram chamados de "conventos socialistas", dado o grau de espírito comunitário desenvolvido da combinação da ideologia sionista (que prega "o retorno da Diáspora" – dispersão – dos judeus à Palestina) com a socialista. Formados no início por imigrantes de origem urbana, os pioneiros, simbolicamente, lançavam ao fogo seus diplomas, indicando simultaneamente o rompimento definitivo com um estilo de vida e a valorização do trabalho duro, diretamente produtivo. A ética desse movimento sempre colocou no mais alto plano da escala moral o trabalho produtivo. O bom *haver* (companheiro) respeitado por seus camaradas é o homem que faz bem seu trabalho. Seu valor, qualquer que seja a função exercida na comunidade, é reconhecido por seus resultados.

Os *kibutzim* antigos foram fundados nas décadas de 1920 e 1930, os menos recentes, antes da guerra de independência do mandato britânico sobre a Palestina, e os novos após essa época, isto é, de 1948 para cá. Todos eles se integram a federações (equivalentes a cooperativas centrais ou de segundo grau), isto é, cooperativas de cooperativas. Essas federações assumem a assistência técnica e a comercialização da produção dos *kibutzim* (cooperativas de primeiro grau), bem como os investimentos e a administração de indústrias no nível regional. As federações são administradas por quadros originários dos próprios *kibutzim*, cada um deles contribuindo com uma espécie de "imposto em homens", o que não deve, entretanto, exceder 7% dos efetivos de cada comunidade. As federações, por seu turno, filiam-se a partidos políticos com variados matizes ideológicos, indicando como esses empreendimentos econômicos derivam de movimentos sociais bem politizados. Daí o porquê não se pode compreender essa experiência sem levar em conta as profundas motivações ideológicas que a geraram. Seus fundadores queriam demonstrar que o judeu, secularmente excluído da posse e do cultivo da terra, podia vencer como colono, bem como pretendiam (e com êxito) substituir, como fundamento da vida social, as motivações individuais e de interesse pessoal por princípios comunitários. Trata-se, segundo um pesquisador, da "mais audaciosa incursão que os homens fizeram no campo da utopia social".

Outro tipo de cooperativa de produção agrícola é constituído pelos *moshavsim*.

O termo *moshav* designa concretamente em Israel o *moshav ovdim*, aldeia cooperativa de pequenos proprietários, regida por princípios igualitários de ajuda mútua. A venda dos produtos do estabelecimento agrícola, bem como as compras necessárias ao trabalho e ao consumo familiar, são efetuadas por intermédio de uma cooperativa mista (com várias seções de serviço especializadas). Além dessas funções (consumo, compras em comum, comercialização agrícola), a cooperativa assume também a contabilidade de cada

O que é Cooperativismo

estabelecimento familiar, bem como os mais variados encargos administrativos dos indivíduos, em face do Estado. Não se trata, pois, de uma simples cooperativa de serviços, mas de um verdadeiro poder municipal. O *moshav ovdim* é um compromisso entre o grupo e as aspirações individuais em termos de combinação de uma agricultura familiar (mas sem assalariados) com um planejamento econômico cooperativo que se duplica em poder municipal. Nesse sentido há uma homogeneidade sociológica da "aldeia cooperativa", inexistente em outros tipos de comunidades rurais, isto é, os cidadãos são também agricultores, não existindo nem a estratificação em classes entre agricultores nem a distância social entre administradores municipais e camponeses.

Grande parte do equipamento agrícola é propriedade do *moshav*, que dispõe de uma estação de máquinas e de tratores para certos serviços comuns. A autonomia do *moshav* é exercida por intermédio da assembleia geral de seus membros, que elege o conselho de aldeia: este decide sobre a venda das benfeitorias dos estabelecimentos agrícolas (no caso de desligamento de algum sócio), bem como sobre a admissão de novos.

Enquanto o movimento *moshav ovdim* data de 1921, em 1939 surge outro tipo (*moshav shitufi*), fórmula intermediária entre o coletivismo do *kibutz* e os lotes individuais do *moshav ovdim*. Aquele, à maneira do *kibutz*, utiliza a terra coletivamente, não existindo lotes familiares. Por outro lado a vida social se organiza em torno da família, ao contrário do *kibutz*, que privilegia a comunidade como tal. Assim, cada família possui sua residência, cujo prédio, entretanto, pertence à comunidade, ocupando-se de seus próprios afazeres domésticos, da criação das crianças e utilizando livremente a renda que lhe é atribuída de acordo com o tamanho da família.

Um "comitê de trabalho" fixa para cada um suas tarefas diárias em função das necessidades setoriais da aldeia cooperativa, levando em conta, entretanto, no caso das mulheres, a idade e o número de filhos para a contabilidade de horas a serem dedicadas à comunidade. Esse tipo de *moshav*, entretanto, é pouco difundido; predominam os *moshav ovdim*.

À maneira dos *kibutz*, os *moshav* se filiam a federações.

COOPERATIVAS DE SERVIÇOS AGRÍCOLAS

Trata-se do tipo de cooperativa agrícola mais difundido no mundo e conhecida no Brasil como "mista", pelo fato de comportar vários tipos de serviços (crédito, compra de insumos, beneficiamento e comercialização da produção, consumo doméstico, utilização em comum de equipamentos etc.). Esses serviços podem ser prestados em cooperativas, ou seções especializadas, como:

• cooperativas de transformação, conservação e venda de produtos agrícolas;

O que é Cooperativismo

• cooperativas de compras em comum, os agricultores se cotizam para conseguir pelos menores custos os insumos de que necessitam;

• cooperativas de utilização de equipamento agrícola pesado (máquinas, tratares, colhedeiras etc.), cujo custo de amortização pode se revelar inviável em termos individuais.

Essas cooperativas têm, pois, por objetivo melhorar as condições do empreendimento agrícola e aumentar a renda de seus membros com a utilização comum de certos meios e serviços. Assim, desde a colheita, sua entrega à cooperativa, até a comercialização final, há vários serviços que são usados a fim de levar o produto ao mercado. Em geral, as cooperativas de "vendas em comum", isto é, que comercializam a produção de seus associados, são especializadas nas regiões de monocultura (cana-de-açúcar, cacau, café etc.) e são polivalentes, quando predominam a policultura e as pequenas propriedades. É nesse nível que transparecem as diferenças de classe: enquanto as primeiras são cooperativas do chamado latifúndio produtivo, as segundas são as pequenas cooperativas que, ou podem servir como instrumento de produção econômica e de luta política de camponeses em face de intermediários e agiotas, ou simplesmente refletem a dominação dos "coronéis" e "caciques" locais.

Os serviços prestados pelas cooperativas aos produtores agrícolas se apresentam sob vários aspectos. Primeiro, os agricultores escapam à dominação dos comerciantes e assim são mais bem remunerados. Segundo, uma organização cooperativa permite distribuir as vendas ao longo do ano, estocando, conservando, guardando os excedentes. Finalmente, a comercialização cooperativa tem repercussões sobre a própria produção, uma vez que as necessidades de venda têm efeitos positivos sobre a qualidade dos produtos.

COOPERATIVAS DE CONSUMO

As cooperativas de consumo são sociedades constituídas com a finalidade de vender a seus aderentes objetos ou gêneros de primeira necessidade, que esses adquirem em grosso. Trata-se de uma associação de consumidores que criam uma empresa com a finalidade de lhes fornecer os produtos de que necessitam.

Enquanto nas cooperativas de produção os cooperados, simultaneamente trabalhadores e sócios-proprietários, abolem a figura do patrão, nas cooperativas de consumo, os compradores como usuários-proprietários tornam dispensável o papel do comerciante. Por isso mesmo, os resultados financeiros positivos de uma cooperativa de consumo (que opera exclusivamente com seus associados) não são lucros (diferença entre o preço de custo e o preço de venda, descontadas as despesas operacionais), mas apenas excedentes, isto é, "cobrados a mais" dos sócios-consumidores. Daí a

O que é Cooperativismo

regra do "retorno" pela qual, ao final de cada exercício financeiro, a entidade devolve os excedentes na proporção do montante das operações de cada membro. Naturalmente a assembleia geral dos associados pode renunciar a esses retornos para fins de investimento.

A constituição de uma cooperativa supõe a subscrição de cotas-partes do capital social pelos aderentes. Essas cotas-partes não equivalem a ações de uma sociedade anônima, pois não geram dividendos, nem seu volume por sócio resulta em maior poder de controle na sociedade. Isso porque, independentemente do número de cotas-partes, cada associado só tem direito a um voto nas assembleias.

Esse é o modelo clássico e consagrado nas diversas legislações existentes no mundo. O arquétipo das cooperativas é, inclusive, uma cooperativa de consumo organizada por 28 operários têxteis, em Rochdale (Inglaterra), em 1848. Essa experiência e outras similares constituíram uma reação de defesa econômica de membros da classe operária oprimida, em uma época de capitalismo concorrencial, onde os princípios liberais significavam apenas e exclusivamente a liberdade dos patrões. Exatamente por isso essas associações refletem o modelo de empresa do capitalismo concorrencial, embora em termos da organização interna, democrática e sem privilégios. Mas é a associação cooperativa que se contrapõe à empresa individual, não ao sistema como todo.

No contexto econômico atual, onde os oligopólios ocupam o primeiro plano, as cooperativas de consumo perderam seu significado contestatório original e foram inteiramente recuperadas, criadas, subsidiadas, organizadas por grandes empresas (estatais ou multinacionais) como serviços sociais ou renda indireta de seus funcionários. O modelo formal-legal persiste: as assembleias, as cotas-partes, os estatutos etc., mas se trata de uma autonomia de fachada: prédio, pessoal técnico, instalações, capital de giro, tudo passa a ser garantido pelo empregador; sua clientela não são mais necessitados, mas uma "aristocracia assalariada", dentro desses "enclaves" entretanto, o cooperativismo de consumo – ao menos na realidade brasileira – não pode ser considerado um movimento social como ocorreu não só na Inglaterra, mas também na França e na Suíça.

COOPERATIVAS DE PESCA

A importância das cooperativas de pesca em relação a outros tipos concorrentes de organização econômica varia de um país para outro. Na Europa destacam-se a Noruega, a Suécia (onde as cooperativas se voltam sobretudo para a exportação), a Itália e a antiga Alemanha Ocidental, onde as cooperativas administram sobretudo as capturas costeiras, a pesca de alto mar sendo explorada por companhias privadas. Fora da Europa destacam-se no movimento cooperativo pesqueiro o Japão e o Canadá. No Brasil o cooperativismo pesqueiro apresenta certa tradição e peso econômico em São Paulo (Santos) e em Santa Catarina. Há experiências isoladas no Nordeste, promovidas por órgãos estatais, sobretudo pelo Departamento Nacional de Obras contras as Secas (Denocs), no caso da pesca de açude e pela extinta Superintendência de Desenvolvimento do Nordeste (Sudene), no caso da pesca de mar.

Semelhante às cooperativas de produção agrícola, as de pesca tanto podem ser unifuncionais quanto polivalentes. Isto é, tanto pode ser uma associação-empresa especializada prestando apenas um determinado tipo de serviço como pode exercer diversas funções simultaneamente. Eis algumas dessas: aquisição e utilização de barcos de pesca, concessão de crédito aos pescadores, fornecimento de material para pesca, comercialização do pescado, transporte, armazenagem e conservação frigorífica etc.

COOPERATIVAS DE CRÉDITO

O crédito cooperativo tanto pode ser realizado por associações de primeiro grau ou por seções especializadas em cooperativas mistas que, à maneira de um banco, recebem depósitos não somente de seus associados, mas também de terceiros e, com esses recursos e com o capital subscrito, realizam empréstimos a seus membros, como pode também ser canalizado via empréstimos de bancos (em geral oficiais), para cooperativas de outros tipos, como as agrícolas, de pesca, de artesanato, de produção industrial, de consumo etc. Naturalmente, esse tipo de cooperativa, mais que os outros, está sujeito às oscilações da política econômico-financeira dos países onde se inserem. Aqui, no Brasil, a política de concentração do capital financeiro estimulada pelos governos militares extinguiu uma ativa rede municipal de cooperativas de crédito rural, favorecendo a concentração bancária e burocrática em detrimento da descentralização de caráter associativo.

A sociedade local de crédito cooperativo de tipo autônomo, suficientemente forte para atender a todas as necessidades de seus associados, não é uma coisa muito fácil de se encontrar, sobretudo em um país como o nosso, de grandes diferenças econômicas entre as classes sociais. Assim, as cooperativas de crédito rural, extintas em favor do capitalismo bancário pelo Decreto-Lei nº 59, de 21/11/1966, serviam de fato às elites agrárias locais, não apenas de um ponto de vista econômico-financeiro, mas também como instrumento de poder político local.

Em alguns países, como o Japão, a França e os Estados Unidos, as cooperativas de crédito contaram com decisivo apoio estatal como canais de repasse dos créditos oficiais destinados à indústria e à produção agrícola.

COOPERATIVAS DE COOPERATIVAS

Quando certo número de cooperativas locais de um mesmo tipo enfrenta uma mesma série de proble-

O que é Cooperativismo 49

mas que poderiam ser equacionados vantajosamente em escala maior, constitui-se o que se denomina cooperativa de segundo grau ou central. As cooperativas centrais, também denominadas federações, em geral, assumem a responsabilidade pelo beneficiamento e pela comercialização da produção.

Cooperativismo e ideologia conservadora

Cooperativismo como "transplante" cultural

O cooperativo "decalcado", copiado do figurino formal europeu, não é exatamente sua cópia, como toda imitação, é uma caricatura. Esse cooperativismo de "macaqueação" compreende um aspecto aparentemente inofensivo e inócuo, folclórico mesmo: a chamada "doutrina". Trata-se de mera transposição mecânica de normas adotadas por uma única cooperativa de consumo inglesa. Ora, já se viu que mesmo a experiência europeia não se limita a um único tipo de organização. Não é à toa que se tomou como modelo justamente uma cooperativa de consumo. Por que não de produção, por exemplo? É fácil compreender que uma cooperativa de consumo não interfere com a propriedade da terra, com a organização entre patrões e empregados etc. Isso já indica que as elites latino-americanas ao importarem, nas décadas de 1930 e 1940, modelos de cooperativas fizeram uma seleção bem conveniente para seus interesses. Da Inglaterra toma-se a ideia das cooperativas de consumo do século XIX, da Alemanha se importa a ideia das cooperativas de poupança e crédito, também do século XIX. O modelo de cooperativas de serviço é o escolhido por não interferir com a organização social da produção.

Mas que tem a ver essa "inovação imitativa" com a folclórica "doutrina cooperativa"? Seria esta última um mero apêndice decorativo desvinculado da prática econômica real das cooperativas? O exame da "doutrina cooperativa" como ideologia e a função dessa ideologia mostram o papel de "controle social" dela.

Apesar de transportado do mundo europeu, o cooperativismo não é uma cópia e sim uma caricatura.

O que é Cooperativismo 53

Quem pensa em termos doutrinários, não pensa, não analisa; repete dogmas, verdades indiscutidas e indiscutíveis. Doutrina é, pois, um conjunto de ideias que se aprende e se transmite sem discussão para justificar uma determina prática. Ora, à medida que se transforma uma experiência social dividida em determinado contexto e época em uma "doutrina", se "fossiliza" a experiência vivida. O fóssil imobiliza – embora cópia fiel e testemunho histórico – o que foi vida. Isso se aplica tanto em biologia como em organização social. Mas essa fossilização do social (no caso uma experiência cooperativa de consumo de operários ingleses do século XIX) terá ocorrido casualmente? Ou terá ocorrido por causa de interesses das classes e elites dominantes na América Latina?

A história das instituições latino-americanas está cheia de "transplantes culturais", o que prova ser o caso do cooperativismo apenas mais um exemplo. Assim, importou-se para o Brasil, no século XIX de economia baseada na mão-de-obra escrava, a fórmula europeia de governo da monarquia constitucional, isto é, com um parlamento. Os parlamentares latifundiários dessa monarquia "moderna" se autocolocaram as etiquetas da moda europeia: "liberal" e "conservador". A República não foi fruto entre nós nem de um movimento revolucionário, nem de uma guerra de independência. Surgiu de um golpe militar ao qual "o povo assistiu bestificado", segundo expressão conhecida. Nossa legislação trabalhista do Estado Novo getulista inspirou-se no fascismo italiano. A socialdemocracia europeia foi "traduzida" entre nós pelo PSD dos "coronéis" e das "raposas políticas". Do trabalhismo inglês chegou-se ao PTB peleguista. Para arrematar, um golpe militar conservador vira "revolução"... Por que com o cooperativismo seria diferente? Seria bem estranho que o fosse.

"DOUTRINA COOPERATIVA" E PRAGMATISMO CONSERVADOR

A "doutrina cooperativa" é habitualmente apresentada como "teoria". Ora, isso não é verdade, pois uma teoria é a cristalização interpretativa de observações e vivências. A teoria deriva, pois, da prática, dela se enriquece, com ela se modifica e se transforma. Ora, uma "doutrina" é exatamente o oposto disso, pois não deriva da observação sistemática da prática, se impõe a ela. Não se adapta, é fixista. Não fertiliza a prática, a esteriliza. Apesar disso é conveniente apresentar a "doutrina cooperativa" como "teoria", pois isso justifica e enobrece a prática ou as práticas do cooperativismo. Trata-se apenas de uma perspectiva falsamente teórica para justificar uma perspectiva pragmática do cooperativismo, isto é, o cooperativismo politicamente "fácil" e "seguro" para os interesses das classes dominantes. A "doutrina cooperativa" é uma falsa teoria, uma vez que consiste em um corpo de princípios abstratos, sem referência a situações históricas concretas e de classe.

Não interfere, pois, com a "prática", não a enriquece, nem a contesta.

Alguns exemplos extraídos de pesquisas recentes mostram como a igualitária "doutrina cooperativa" serve aos pragmáticos (nada idealistas) interesses das classes dominantes.

COOPERATIVISMO ELITISTA

As cooperativas rurais nordestinas, em sua maioria, estão organizadas segundo uma estrutura de classes. As posições-chave são ocupadas, no interior delas, pelos proprietários de alta renda, que assumem também as lideranças políticas locais e regionais. Essas camadas superiores da população rural são as maiores beneficiárias dos serviços da cooperativa, em termos de assistência técnica, empréstimos de equipamento e crédito. É comum nessas cooperativas a figura do "dono da cooperativa", isto é, a pessoa física que é identificada como se fora proprietária da sociedade cooperativa, única a definir a política desta, manter contatos com os bancos e órgãos de assistência técnica, enfim, a clássica figura insubstituível. Os produtos mais comercializados pelas cooperativas nordestinas são aqueles ligados predominantemente aos grandes proprietários: açúcar, algodão e cacau.

Analisando-se as relações entre o modelo de desenvolvimento econômico brasileiro e as cooperativas, vê-se que o cooperativismo tende a ser mais bem-sucedido quando opera com produtos de exportação ou certas matérias-primas para as indústrias. Em contrapartida, o cooperativismo tem uma incidência marginal no setor de produção de alimentos básicos. Ora, é conhecido como as políticas agrícolas oficiais, têm se voltado preferencialmente para os produtos de exportação, produtos ligados às classes dominantes. O cooperativismo reproduziria e refletiria, assim o modelo de desenvolvimento elitista e concentrador de renda e de terras. Exemplo disso temos no fato de que, em 1975, mais de 50% dos recursos creditícios alocados a cooperativas foram destinados às de trigo e soja, concentradas no sul do país. Já o volume de crédito para cooperativas que tinham arroz, feijão ou milho como seu principal produto, ficou em menos de 8% do total. Um caso exemplar de cooperativismo elitista foi a promoção de cooperativas de beneficiamento e comercialização do algodão no estado da Paraíba na década de 1970. Essa promoção, por órgãos e bancos oficiais, deu-se na esteira de falências de usinas de beneficiamento de algodão, premidas pela crise no setor têxtil. Ora, o grande proprietário, pecuarista, necessitava da produção de algodão como alimento para o gado. A desativação das usinas inviabilizaria, pois, a expansão da pecuária. Daí o interesse do Estado na organização de cooperativas que beneficiariam apenas os grandes proprietários. Quer dizer, a fórmula cooperativa era

O que é Cooperativismo 57

interessante para o fazendeiro em face do antigo usineiro privado, mas dos benefícios trazidos pelas cooperativas ficam excluídos os parceiros e os pequenos proprietários. As cooperativas de algodão permitiriam aos grandes proprietários de terra romper com a dependência em relação ao antigo usineiro. Apropriam-se diretamente dos lucros obtidos pela comercialização do óleo, torta e pluma na forma de retorno. Por outro lado, porém, os parceiros não têm acesso às cooperativas. Isso porque o grande proprietário recebe 50%, como intermediário, para comercializar. Esse fato coloca o grande proprietário entre os principais associados da cooperativa. Em razão do domínio do grande proprietário sobre a produção do parceiro, o primeiro procura não estimular a associação do último à cooperativa.

Curioso é que essa mesma relação de exploração foi encontrada em uma cooperativa de pesca, também na Paraíba, em 1969. O associado proprietário de embarcação se beneficiava da parceria estabelecida com pescadores que não tinham embarcações. Beneficiavam-se com um retorno financeiro que não lhes pertenceria, se a produção fosse entregue diretamente pelo próprio pescador-parceiro à cooperativa. Isso levava também a que os associados-proprietários de embarcações não estimulassem seus tripulantes pescadores a se associarem à cooperativa. É verdade que se trata, nesse caso, de uma exploração em menor escala do que a existente no caso das cooperativas de algodão. Mas a relação de exploração é a mesma. Como é idêntico o mecanismo de aumento da exploração propiciado justamente pela organização cooperativa.

A recuperação do termo "cooperativa" pelos interesses das classes dominantes ocorre até mesmo em projetos que, em princípio, se propõem a melhorar o nível de vida do trabalhador rural sob o nome pomposo de Cooperativas Integrais de Reforma Agrária (ciras). Esse é o caso de uma cira no estado de Pernambuco, formada por parceleiros nas terras de uma usina de açúcar desapropriada após a falência. O projeto (no papel) visava a transformar os antigos assalariados em pequenos fornecedores de cana-de-açúcar, em um plano para recuperação da usina, agora controlada diretamente pelo Estado. Visava também o projeto (sempre no papel) a estimular culturas alternativas de modo que os parceleiros não ficassem restritos à monocultura.

Na prática, o parceleiro, "cooperado" compulsório, continuou a ser um "assalariado camuflado". Ao parceleiro não foi concedida a propriedade da parcela, ele continuou a trabalhar para a usina (administrada por pessoas de origem latifundiária). A "cooperativa" (administrada por tecnocratas) recebia a produção cobrando taxas arbitrárias e "errando nas contas"; quanto à diversificação da produção, a cira não tomava conhecimento, os financiamentos só iam para a cana-de-açúcar, quem plantasse outra coisa não contava com a "cooperativa", que levasse à feira seu excedente.

O cooperativismo feito para servir aos interesses das classes dominantes levou um dos "cooperados" a denunciar: "Só tem o nome de cooperativa pra pegar o direito da gente"...

Esses exemplos mostram como a aparentemente idealista e inofensiva "doutrina cooperativa" pode ser manipulada para fins nada cooperativos... Eles nos mostram como as características básicas do modelo cooperativo (propriedade, gestão e repartição comuns) ou simplesmente não existem no cooperativismo elites ou, quando existem, funcionam apenas para essas mesmas elites. É feito aquela história: todos são iguais perante à lei, mas uns são mais iguais do que outros... O cooperativismo de elites tem dupla utilidade: econômica e política. Economicamente funciona de maneira rentável para os que antes de serem cooperados são empresários capitalistas. Politicamente serve como uma "esperança honrosa" para os que não podem competir individualmente. A "doutrina cooperativa" acena com esperança para os que não são capitalistas. "Faz de conta" que os não-capitalistas são empresários, via a associação destes à pessoa jurídica cooperativa. "Vende" a imagem da colaboração entre as classes como se os interesses diversos "se dissolvessem" na cooperativa. Finalmente, manipulando uma ideologia igualitária, prioriza de fato os negócios individuais e os privilégios de classe. Há, pois, um casamento conveniente, explícito ou implícito, entre o "congelamento" de uma experiência social contestatária por meio de uma "doutrina" e o cooperativismo elitista.

Há um equívoco fundamental na maneira pela qual costuma ser incrementado o cooperativismo. Este costuma ser apresentado como "tábua de salvação econômica" de categorias de baixa renda, como pescadores artesanais, pequenos agricultores, artesãos, desempregados etc. O apelo à "solução" é operacionalizado por intermédio dos postulados da "doutrina cooperativa" que reflete, por sua vez, uma ideologia liberal competitiva no sentido clássico do termo. Isto é, tudo se passa como se vivêssemos em uma economia de pequenas e médias unidades produtivas, em um regime de concorrência perfeita. Ora, os postulados da ideologia liberal clássica não são mais funcionais – se jamais o foram – para as condições econômicas atuais, sobretudo em um país como o Brasil que tem sua estrutura produtiva, tanto agrícola quanto industrial, fortemente condicionada pelos centros capitalistas hegemônicos. E aí está o equívoco, que não é um equívoco apenas "técnico", mas que reflete justamente o papel do cooperativismo em geral utilizado pelas classes dominantes como paliativo econômico e "esperança honrosa" dos que não podem "competir individualmente". O cooperativismo é pensado, pois, nesse caso, para "remendar" as lacunas sociais e econômicas muito gritantes do sistema. Para isso a "doutrina cooperativa" é tremendamente funcional e, portanto, conservadora, pois, como fóssil da ideologia liberal clássica, revestida ademais de um apelo "igualitário e humanista", dá a entender que, na nossa época de multinacionais, de oligopólios, de renúncia fiscal ao grande capital, basta a união de alguns: homens e reais para "fazer a força". Em síntese, o cooperativismo serve de álibi para as classes dominantes. Os desprovidos de instrução formal, de condições mínimas de alimentação e saúde, de recursos financeiros e técnicos podem também competir, não "individualmente", é verdade, mas podem se unir para competir. Se fracassam, tudo se resume a um problema de relacionamento entre indivíduos. Fracassaram não por uma situação de classe desvantajosa, pela falta de acesso aos centros de decisão política e de controle dos instrumentos econômico-financeiros, reguladores do mercado e preço de seus produtos, mas apenas porque, como indivíduos "ignorantes e ineficientes", são incapazes de "cooperar".

COOPERATIVISMO E IDEOLOGIA RENOVADORA

COOPERATIVISMO INFORMAL

Para se poder captar o papel transformador do cooperativismo, deve-se antes de mais nada distinguir a ação político-econômica cooperativa do enquadramento legal cooperativo. Isto é, não se deve confundir o continente com o conteúdo. Não se deve considerar "cooperativa" uma instituição, apenas pelo simples fato de esta estar enquadrada nos requisitos definidos em lei. A "casca" jurídica pode esconder uma ilusão sob as aparências dos registros burocráticos.

Isto não quer dizer que a legislação e o enquadramento administrativo sejam incompatíveis com uma ideologia cooperativista renovadora de contestação. Apenas significa que, por conta das origens elitistas do cooperativismo latino-americano, a legislação nessas condições não apenas legitima um tipo conservador de cooperativismo, mas também, automaticamente, exclui experiências cooperativas contestatárias e, por isso mesmo, marginais. A letra da lei cooperativista desconhece a prática cooperativista dos iletrados.

O rótulo jurídico confunde, pois, mais do que identifica, o que é cooperativismo. Sobretudo se se quiser distinguir o cooperativismo conservador do renovador. O cooperativismo dos grandes daquele dos pequenos. O cooperativismo dos latifundiários daquele dos sem-terra. O cooperativismo capitalista, do de perfil socialista ou não-capitalista.

A prática efetiva, e não a mera etiqueta jurídica, é o critério identificador da associação cooperativa, a qual pressupõe as seguintes características: propriedade, gestão e repartição cooperativas. Essas características, e não o registro junto aos "órgãos competentes", são os reais indicadores de uma prática cooperativista.

COOPERATIVISMO E MOVIMENTOS SOCIAIS

A concepção comum de cooperativismo precisa ser ampliada. O interesse por associações praticando outros métodos de ação coletiva (além dos utilizados comumente nas organizações legais cooperativas) se fundamenta na observação de certos casos.

Trata-se de rejeitando o colonialismo intelectual e a mania de imitar – não considerar o camponês e o assalariado latino-americanos incapazes de criar mode-

O que é Cooperativismo 65

los próprios. O problema, então, é estar aberto para a experiência criadora dos grupos que estão comprometidos com as transformações estruturais. Buscar informação sobre os esforços de cooperação real em nível popular, especialmente os que desafiam as estruturas de dominação vigentes.

O depoimento de um líder camponês do Maranhão demonstra como a ideologia cooperativista pode ter um papel político transformador. Trata-se de exemplo (que não é isolado) de um cooperativismo como construção alternativa das classes oprimidas.

Nós começamos a organizar a defesa da produção que os camponeses já tinham – a farinha, o arroz, o milho – fazendo um paiol coletivo. (...) Construímos o paiol. Era um tipo de pequeno armazém. Foi coberto com palha, parede de barro, de taipa. A gente forrou o chão com pau, depois fez uma esteira de palha de coco de babaçu e forrou com capim pra ficar quentinho. Ali em cima botou o arroz, a produção da roça coletiva. (...) Esse paiol coletivo era guarnecido pelos camponeses junto com os armados – o pessoal que vinha dos antigos grupos organizados. Isso com as armas que tinham: facão, espingarda de caça. Eles se organizavam e botavam sentido no paiol. Agora, por que botar sentido no paiol? Em geral, os camponeses devem dinheiro aos comerciantes, porque compraram fiado na mão deles durante o ano. No fim do ano eles pagam com a colheita nova, mas o comerciante nessa data derruba o preço. Eles são obrigados a dar a produção pelo preço miserável. E, se um cara não desse, ele mandava lá o jagunço buscar o arroz nos paióis isoladamente, de um a um. Pega daquele, daquele outro, até o derradeiro. Ninguém podia fazer nada. Agora, estando todo mundo com o arroz no mesmo paiol, já ficava mais difícil do cara invadir um paiol que estava sendo guarnecido. Todo mundo sabia quantos alqueires tinha ali dentro do paiol.

Esse trecho do depoimento mostra como a defesa econômica dos pequenos produtores não é apenas uma questão técnica de comercialização agrícola. A questão técnica (armazenar a produção) confunde-se com a questão política. Não basta construir um paiol, é preciso até defendê-lo de armas na mão. A exploração econômica dos intermediários combina-se com a violência. Desse contexto surge a solução cooperativa. Cooperativismo informal, isto é, não legalizado, mas bem real. Dessa defesa coletiva da produção surge a ideia da produção também coletiva:

Desse paiol coletivo foi que surgiu a ideia de alargar pra roça coletiva. (...) Nós procuramos também coletivizar a produção e a propriedade que estava sendo ameaçada pelos jagunços, grileiros, capitalistas, fazendeiros, o diabo. Por exemplo, se nós comprássemos um trator pra produzir ali dentro, era também um trator comprado com o produto daquela roça coletiva. Portanto, um trator coletivo, que vai trabalhar em diferentes roças, de diferentes pessoas. (...) O trabalho coletivo, a terra desbravada coletivamente, a produção colhida, botar tudo num só armazém. A produção que se diz pra negócio.

O que é Cooperativismo 67

Agora, o excedente, que não é pra negócio, fica com a família, lá na sua casa, produção pra comer. Mas o que é pra negócio é tudo coletivo. O plano era esse aí.

Essa experiência não é um caso isolado da década de 1960 no Maranhão. No Piauí havia, em 1971 nove "roças comunitárias" distribuídas por três municípios, plantando arroz, algodão, feijão, mandioca e milho. Em dois desses municípios, os grupos das "roças comunitárias" organizaram também casas de farinha modernas (motorizadas) de propriedade e gestão coletivas.

Na região amazonense de Tefé encontra-se, também na década de 1960, igual ocorrência das "roças comunitárias". Na Bahia, já nos anos 1980, os índios-camponeses Kiriri também se mobilizam pela organização de "roças comunitárias".

A produção dessas roças é dividida equitativamente pelas famílias que participaram de todo o processo de trabalho. A partir delas passaram a reivindicar coletivamente as sementes à Funai (Fundação Nacional do Índio). Ao mesmo tempo os índios se recusavam a trabalhar para os fazendeiros locais. Para contornar o endividamento com os comerciantes locais, os Kiriri organizaram uma "bodega comunitária", a venda de objetos artesanais também vem sendo organizada em termos cooperativos informais.

Com a redemocratização do país, ao término da ditadura militar em 1985, uma onda associacionista, surgida na esteira dos movimentos sociais desse contexto, vem fazer parte do novo cenário institucional sociopolítico. Verdade é que muitas dessas associações também foram implantadas de maneira artificiosa para "receber financiamento para projetos". Independentemente de certos vícios de origem, bem ou mal intencionados, pouco importa, agentes do Estado e de ONGs a seu serviço (organizações não-governamentais) exigindo a constituição de associações para poder ocorrer o "repasse de recursos", o fato é que essa onda associacionista constitui bem ou mal uma expressão do que se convenciona chamar de Sociedade Civil em termos de demandas e propostas em face do Estado. Ora, muitas dessas associações constituem autênticas experiências pré-cooperativas, em que grupos de agricultores familiares se organizam em torno da produção de produtos orgânicos, por exemplo, partilhando tarefas e dividindo custos de transporte ao levarem diretamente esses produtos ao consumidor urbano, eliminando a figura do intermediário. É o caso, por exemplo, da Associação dos Moradores das comunidades do Imbé e Marrecos, assim, em Pernambuco, cujo presidente em entrevista de pesquisa em sua residência declarou:

> A gente começou mais se organizando nessa questão de trabalhar na agricultura orgânica e em 2004 a gente trabalhou no Espaço Agro-Ecológico [associação de feirantes-produtores de orgânicos], mas a gente sentiu dificuldade em questão de transporte (...) antes se dizia que o produtor só fazia produzir, mas a gente provou o

O que é Cooperativismo

contrário, que o produtor pode produzir e também comercializar, e nessa comercialização o produtor está afastando o atravessador, que é um fator muito importante na vida do produtor é livrar o atravessador.

Todas essas experiências, embora algumas nem sempre legalizadas, apresentam as características básicas de uma organização cooperativa: propriedade, gestão e repartição comuns. E o que é mais, além da função econômica imediata (produção, comercialização, consumo, artesanato etc.) dessas experiências, essas constituem simultaneamente iniciativas políticas de classes oprimidas. Cabe finalmente referir o Movimento dos Sem-Terra (MST) que em seus 22 anos de existência já conta com mais de 160 cooperativas em doze estados, desenvolvidas em um processo de mudança social em que não só o modelo de propriedade da terra como gerador de renda fundiária é contestado, mas toda uma cultura de poder oligárquico é minada. Ditas cooperativas compreendem três formas de primeiro nível: CPA – cooperativas de produção agropecuária; CPS – cooperativas de prestação de serviços; e cooperativas de crédito. Além do MST, outras entidades, como o Centro de Assessoria e Apoio aos Trabalhadores Rurais (Cepagri) a Associação dos Agricultores Ecológicos das Encostas da Serra Geral – Agreco, a Federação dos Trabalhadores na Agricultura Familiar (Fetraf/Sul) em Santa Catarina, a Confederação Nacional dos Trabalhadores na Agricultura (Contag) e suas filiadas nos vários estados, são algumas das entidades que militam em favor dos interesses da agricultura familiar. O reconhecimento crescente do papel econômico e social da agricultura familiar também se situa historicamente nos anos 1980, a partir da redemocratização, com a recuperação da bandeira da reforma agrária que estivera entre parênteses no período do regime militar (1964-1985), novo reencontro histórico, portanto, à semelhança das cooperativas de trabalho que reatam com a tradição operária do início da Revolução Industrial.

COOPERATIVISMO E PERSPECTIVA SOCIALISTA

Existe um cooperativismo de elites e um cooperativismo de pés-no-chão; um cooperativismo legalizado, letrado e financiado e um cooperativismo informal, "sem lei e sem documento", não-financiado e mesmo reprimido. O cooperativismo não está pois "imune" à divisão da sociedade em classes. Isso é importante frisar, porque muitas vezes o cooperativismo é apresentado como se fora "uma borracha" que apagaria as diferenças de classe. Por isso mesmo ele costuma também ser apresentado como uma "terceira via" entre o capitalismo e o socialismo. Mas não existe "terceira via", ou o cooperativismo se subordina ao capital e seus interesses, ou o cooperativismo é um instrumento em função de uma perspectiva socializante. Não um socialismo burocrático, totalitário e estatizante, mas um socialis-

O que é Cooperativismo 71

mo democrático, autogestionário e participativo. Adjetivos utópicos? Palavras vãs? Nem tanto assim. Afinal, quais são os componentes de uma sociedade socialista democrática? As bases desse projeto são:

- propriedade social dos meios de produção;

- gestão democrática desses meios; e

- orientação da produção em função da satisfação das necessidades humanas.

Propriedade social dos meios de produção não é sinônimo de propriedade estatal. Pelo contrário, significa, isso sim, que esta está a serviço da coletividade, não da tecnocracia estatal ou partidária. Isso se consegue justamente pela gestão democrática desses meios com vista à satisfação das necessidades humanas e não em função do lucro ou do poder estatal ou partidário.

Ora, comparando-se as características básicas da organização cooperativa (propriedade, gestão e repartição comuns), é fácil comprovar como o cooperativismo pode servir a um projeto socialista. Naturalmente, isso só se aplica a um cooperativismo identificado com as aspirações e necessidades das classes menos favorecidas. Afinal, se o socialismo de Estado como sistema de poder mostrou-se inconsistente, permanece a questão da possibilidade de uma sociedade socialista, pois o socialismo é uma prática aberta para o possível em uma busca construtiva em determinadas condições históricas.

Sem referir-se a situações históricas concretas e de classe, a "doutrina cooperativa" tornou-se uma falsa teoria.

Indicações de leitura

A bibliografia sobre cooperativismo na América Latina e especial no Brasil era praticamente nula até há poucos anos. Isso do ponto de vista de uma orientação crítica, tanto econômica quanto sociológica. Um autor extremamente sugestivo na abordagem do papel ideológico da doutrina cooperativa é o sociólogo colombiano Orlando Fals Borda. Seu pequeno livro *El reformismo por dentro en América Latina*, Col. Mínima, Siglo Veintiuno, 1972, é uma jóia sobre a recuperação do cooperativismo pelas classes dominantes. Existe uma tradução, feita por mim, de um artigo de Orlando Fals Borda intitulado "Formação e deformação da política de cooperativismo na América Latina", publicada na extinta revista da Sudene Cooperativismo & Nordeste, vol. 7, nº 1, jan-abr.1972. Nesse artigo, além da crítica feita ao cooperativismo como transplante cultural, o autor frisa a necessidade de se buscar modelos cooperativos próprios, não importados.

Quem estiver interessado em uma análise de estruturação interna do poder nas cooperativas nordestinas, recomendo meu próprio livro *Cooperativas agrícolas no Nordeste brasileiro e mudança social*, Ed. Universitária UFPB, 1979. Nesse trabalho também abordo o aspecto ideológico-conservador da doutrina cooperativa e faço uma análise da programação de cooperativismo da Sudene.

Um livro bastante rico em informações e interpretações sobre o cooperativismo brasileiro é a coletânea *Cooperativas agrícolas e capitalismo* no Brasil, organizada por Maria Rita Loureiro, Cortez, 1981. Destaco especialmente os trabalhos de João Elmo Schneider, José Roberto Novaes e Suely Cavendish, dos quais utilizei dados neste livro. A inserção do cooperativismo no capitalismo dependente e em uma sociedade autoritária caracteriza essa coletânea.

Apesar de um surpreendente título idêntico, *Cooperativas agrícolas e capitalismo no Brasil*, de Maria Tereza Lema Fleury, publicado em 1983 pela Global, constitui uma pesquisa à parte. E pesquisa séria, sobre cooperativas de laticínio em São Paulo. Nesse trabalho, a autora faz uma análise fina (econômica e sociológica) das relações entre diferentes categorias de produtores de leite (pequenos, médios e grandes) e gestão cooperativa. Há também, nesse livro, toda uma discussão te-

O que é Cooperativismo

órica sobre características da organização cooperativa, cooperativismo e socialismo etc.

Sobre o tema do cooperativismo informal me foi muito útil o livro-depoimento de Manuel da Conceição, *Essa terra é nossa*, organizado por Ana Maria Galano, Vozes, 1980. Também sobre esse assunto publiquei um artigo no nº 2 (1969) de Cadernos do Centro de Estudos Rurais e Urbanos, da USP.

Na redação do capítulo sobre tipos de cooperativas utilizei a coletânea, da qual sou co-autor, *A problemática cooperativista no desenvolvimento econômico*, editada pela Fundação Friedrich Naumann da Alemanha, em 1973, em São Paulo. Destaco especialmente o trabalho de Goodwin Norman Lamming, intitulado *Eficiência em administração de cooperativas*, um exemplo de abordagem técnica – do ponto de vista da administração de empresas – que não perde de vista o problema da participação na cooperativa.

Na esteira dos trabalhos citados, Maria Luiza Lins e Silva Pires desenvolveu pesquisa de fôlego, *O cooperativismo em questão*, Ed. Massangana da Fundação Joaquim Nabuco, Recife, 2004. Destaco nesse livro o confronto que a autora faz entre o cooperativismo que dá ênfase aos valores sociais e o cooperativismo que dá ênfase aos valores de mercado.

Sobre a chamada economia solidária, a coletânea organizada por Luiz Inácio Gaiger, *Sentidos e experiências da economia solidária no Brasil*, Ed. da UFRGS,

2004, constitui importante fonte de consulta e reflexão tanto sobre experiências em diferentes contextos regionais e setoriais quanto em termos de interpretação teórica.

Ainda sobre economia solidária, cooperativismo e fórmulas alternativas de organização socioeconômica e política, sugiro o livro do economista Paul Singer, *Globalização e desemprego: diagnóstico e alternativas*, Contexto, 1998, especialmente os capítulos 5 e 6.

O sociólogo José de Souza Martins em seu livro *Reforma agrária: o impossível diálogo*, Edusp, 2000, no capítulo 4 apresenta uma esclarecedora discussão sobre a temática do socialismo.

Em uma perspectiva também dialética, o sociólogo alemão Robert Kurz no livro *Os últimos combates*, Vozes, 1998, discute no capítulo significativamente intitulado "Para além de Estado e Mercado", o novo papel do cooperativismo no contexto contemporâneo.

Sobre o autor

Nasceu em Recife, PE, em junho de 1940. Graduou-se em Letras Clássicas em 1961, na UFPE e, em Ciências Sociais, em 1971, na Católica de Pernambuco – Unicap. Fez especialização em sociologia aplicada ao cooperativismo no Collégge Coopératif de Paris, no período 1963-65, sob a orientação dos professores Henri Desroche e Maria Isaura Pereira de Queiroz. Estagiou no Kibutz Gaash, em Israel, no verão de 1964. Trabalhou na Divisão de Organização Agrária da Sudene entre 1965 e 1976, tendo aí organizado pesquisas de campo e fundado a revista especializada Cooperativismo & Nordeste. É mestre em Ciências Sociais Rurais pela Escola Superior de Agricultura Luiz de Queiroz, da USP.

É doutor em Sociologia (1983) pela École des Hautes Études em Sciences Sociales, Paris, tendo trabalhado sob a orientação do professor Albert Meister. Entre 1976 e 1998 trabalhou no Departamento de Ciências Sociais daUFP8. Atualmente trabalha no Departamento de Letras e Ciências Humanas da Universidade Federal Rural de Pernambuco. É autor de três livros e de vários artigos.

Coleção Primeiros Passos
Uma Enciclopédia Crítica

ABORTO
AÇÃO CULTURAL
ACUPUNTURA
ADMINISTRAÇÃO
ADOLESCÊNCIA
AGRICULTURA SUSTENTÁVEL
AIDS
AIDS – 2ª VISÃO
ALCOOLISMO
ALIENAÇÃO
ALQUIMIA
ANARQUISMO
ANGÚSTIA
APARTAÇÃO
APOCALIPSE
ARQUITETURA
ARTE
ASSENTAMENTOS RURAIS
ASSESSORIA DE IMPRENSA
ASTROLOGIA
ASTRONOMIA
ATOR
AUTONOMIA OPERÁRIA
AVENTURA
BARALHO
BELEZA
BENZEÇÃO
BIBLIOTECA
BIOÉTICA
BOLSA DE VALORES
BRINQUEDO
BUDISMO
BUROCRACIA
CAPITAL
CAPITAL INTERNACIONAL
CAPITALISMO
CETICISMO
CIDADANIA
CIDADE
CIÊNCIAS COGNITIVAS
CINEMA
COMPUTADOR
COMUNICAÇÃO
COMUNICAÇÃO EMPRESARIAL
COMUNICAÇÃO RURAL
COMUNDADE ECLESIAL DE BASE
COMUNIDADES ALTERNATIVAS
CONSTITUINTE
CONTO
CONTRACEPÇÃO
CONTRACULTURA
COOPERATIVISMO
CORPO
CORPOLATRIA
CRIANÇA
CRIME
CULTURA
CULTURA POPULAR
DARWINISMO
DEFESA DO CONSUMIDOR
DEFICIÊNCIA
DEMOCRACIA
DEPRESSÃO
DEPUTADO
DESIGN
DESOBEDIÊNCIA CIVIL
DIALÉTICA
DIPLOMACIA
DIREITO
DIREITO AUTORAL
DIREITOS DA PESSOA
DIREITOS HUMANOS
DIREITOS HUMANOS DA MULHER
DOCUMENTAÇÃO
DRAMATURGIA
ECOLOGIA
EDITORA
EDUCAÇÃO
EDUCAÇÃO AMBIENTAL
EDUCAÇÃO FÍSICA
EDUCACIONISMO
EMPREGOS E SALÁRIOS
EMPRESA
ENERGIA NUCLEAR
ENFERMAGEM
ENGENHARIA FLORESTAL
ENOLOGIA
ESCOLHA PROFISSIONAL
ESCRITA FEMININA
ESPERANTO
ESPIRITISMO
ESPIRITISMO 2ª VISÃO
ESPORTE
ESTATÍSTICA
ESTRUTURA SINDICAL
ÉTICA
ÉTICA EM PESQUISA
ETNOCENTRISMO
EXISTENCIALISMO
FAMÍLIA
FANZINE
FEMINISMO
FICÇÃO
FICÇÃO CIENTÍFICA
FILATELIA
FILOSOFIA
FILOSOFIA DA MENTE
FILOSOFIA MEDIEVAL
FÍSICA
FMI
FOLCLORE
FOME
FOTOGRAFIA
FUNCIONÁRIO PÚBLICO
FUTEBOL
GASTRONOMIA
GEOGRAFIA
GEOPOLÍTICA
GESTO MUSICAL
GOLPE DE ESTADO
GRAFFITI
GRAFOLOGIA
GREVE
GUERRA
HABEAS CORPUS
HERÓI
HIEROGLIFOS
HIPNOTISMO
HISTÓRIA
HISTÓRIA DA CIÊNCIA
HISTÓRIA DAS MENTALIDADES
HISTÓRIA EM QUADRINHOS
HOMEOPATIA
HOMOSSEXUALIDADE
IDEOLOGIA
IGREJA
IMAGINÁRIO
IMORALIDADE
IMPERIALISMO
INDÚSTRIA CULTURAL
INFLAÇÃO
INFORMÁTICA
INFORMÁTICA 2ª VISÃO
INTELECTUAIS
INTELIGÊNCIA ARTIFICIAL
IOGA
ISLAMISMO

Coleção Primeiros Passos
Uma Enciclopédia Crítica

JAZZ
JORNALISMO
JORNALISMO SINDICAL
JUDAÍSMO
JUSTIÇA
LAZER
LEGALIZAÇÃO DAS DROGAS
LEITURA
LESBIANISMO
LIBERDADE
LÍNGUA
LINGUÍSTICA
LITERATURA INFANTIL
LITERATURA DE CORDEL
LIVRO-REPORTAGEM
LIXO
LOUCURA
MAGIA
MAIS-VALIA
MARKETING
MARKETING POLÍTICO
MARXISMO
MATERIALISMO DIALÉTICO
MEDIAÇÃO DE CONFLITOS
MEDICINA ALTERNATIVA
MEDICINA POPULAR
MEDICINA PREVENTIVA
MEIO AMBIENTE
MENOR
MÉTODO PAULO FREIRE
MITO
MORAL
MORTE
MULTINACIONAIS
MUSEU
MÚSICA
MÚSICA BRASILEIRA
MÚSICA SERTANEJA
NATUREZA
NAZISMO
NEGRITUDE
NEUROSE
NORDESTE BRASILEIRO
OCEANOGRAFIA
OLIMPISMO
ONG
OPINIÃO PÚBLICA
ORIENTAÇÃO SEXUAL
PANTANAL
PARLAMENTARISMO
PARLAMENTARISMO
MONÁRQUICO
PARTICIPAÇÃO
PARTICIPAÇÃO POLÍTICA
PATRIMÔNIO CULTURAL
IMATERIAL
PATRIMÔNIO HISTÓRICO
PEDAGOGIA
PENA DE MORTE
PÊNIS
PERIFERIA URBANA
PESSOAS DEFICIENTES
PIXAÇÃO
PODER
PODER LEGISLATIVO
PODER LOCAL
POLÍTICA
POLÍTICA CULTURAL
POLÍTICA EDUCACIONAL
POLÍTICA NUCLEAR
POLÍTICA SOCIAL
POLUIÇÃO QUÍMICA
PORNOGRAFIA
PÓS-MODERNO
POSITIVISMO
PRAGMATISMO
PREVENÇÃO DE DROGAS
PROGRAMAÇÃO
PROPAGANDA IDEOLÓGICA
PSICANÁLISE 2ª VISÃO
PSICODRAMA
PSICOLOGIA
PSICOLOGIA COMUNITÁRIA
PSICOLOGIA SOCIAL
PSICOTERAPIA
PSICOTERAPIA DE FAMÍLIA
PSIQUIATRIA ALTERNATIVA
PSIQUIATRIA FORENSE
PUNK
QUESTÃO AGRÁRIA
QUESTÃO DA DÍVIDA
EXTERNA
QUÍMICA
RACISMO
RÁDIO EM ONDAS CURTAS
RADIOATIVIDADE
REALIDADE
RECESSÃO
RECURSOS HUMANOS
REFORMA AGRÁRIA
RELAÇÕES INTERNACIONAIS
REMÉDIO
RETÓRICA
REVOLUÇÃO
ROBÓTICA
ROCK
ROMANCE POLICIAL
SEGURANÇA DO TRABALHO
SEMIÓTICA
SERVIÇO SOCIAL
SINDICALISMO
SOCIOBIOLOGIA
SOCIOLOGIA
SOCIOLOGIA DO ESPORTE
STRESS
SUBDESENVOLVIMENTO
SUICÍDIO
SUPERSTIÇÃO
TABU
TARÔ
TAYLORISMO
TEATRO
TEATRO INFANTIL
TEATRO NÔ
TECNOLOGIA
TELENOVELA
TEORIA
TOXICOMANIA
TRABALHO
TRADUÇÃO
TRÂNSITO
TRANSPORTE URBANO
TRANSEXUALIDADE
TROTSKISMO
UMBANDA
UNIVERSIDADE
URBANISMO
UTOPIA
VELHICE
VEREADOR
VÍDEO
VIOLÊNCIA
VIOLÊNCIA CONTRA A
MULHER
VIOLÊNCIA
URBANA
XADREZ
ZEN
ZOOLOGIA